48
Lb 163.

DE LA NÉCESSITÉ

D'ÉPURER L'ARMÉE

PAR

UNE MESURE LÉGALE,

ET

Moyen de former une Garde royale qui offre à la Nation des garanties suffisantes.

DE LA NÉCESSITÉ
D'ÉPURER L'ARMÉE

PAR

UNE MESURE LÉGALE,

ET

Moyen de former une Garde royale qui offre à la Nation des garanties suffisantes.

À PARIS,

Chez
{ MAGIMEL, Libraire, rue de Thionville, N°. 9;
{ PETIT, Libraire, au Palais — Royal, Galerie de bois.

IMPRIMERIE DE MOREAUX, RUE SAINT-HONORÉ, N°. 315.

Août 1815.

Aimer le Roi, c'est aimer la France ;
on ne peut aimer la France sans aimer le
Roi qui l'a sauvée deux fois. Ceux qui se
disent animés de l'amour de la patrie et
qui agissent contre l'autorité du Roi, sont
des fourbes, car il n'y a plus de salut
pour la France que dans la réunion sincère de tous les citoyens avec le gouvernement. Le Roi ne pardonne pas seule-
ment, il oublie les fautes, il veut que tout
le monde les oublie, pour qu'un remords
trop vif n'arrête pas ceux qui sont prêts
à écouter le repentir. Il semble craindre
qu'on se souvienne plus que lui du mal
qu'on lui a fait! Il regarde la patrie comme
le seul maître qu'on a servi depuis 25 ans,
et place de préférence, dans le conseil et
à la tête des armées, ceux qui lui ont été
opposés, s'ils montrent un véritable pa-

triotisme; car le secret de sa politique est tout entier dans ces mots : *unissons-nous pour sauver la France.* Habitué au malheur, le Roi sait qu'il faut pardonner à ceux dont la fortune a dompté la constance, ou dont de vaines craintes avaient altéré la fidélité.

La France ne descendra du premier rang que lorsqu'elle l'aura voulu ; ce ne sont point les étrangers, c'est nous qui recommencerons notre gloire si nous voulons n'être que Français.

Convenons de notre révolte et recevons franchement le pardon qui nous est si noblement accordé : déposons nos animosités réciproques, et sur-tout n'émettons plus de questions susceptibles de faire naître de nouvelles dissentions.

Que ceux qui déprécient nos princes, pour altérer le respect que nous leur devons, soient voués au mépris qu'inspirent la bassesse et la calomnie; ce n'est que dans le but de ranimer de nouveaux partis qu'ils employent ces lâches manœuvres. Ces perfides donnent toujours leur opinion individuelle pour l'opinion publique : ne nous y laissons plus tromper.

En ce moment le vœu que l'opinion publique manifeste avec le plus d'énergie , c'est de voir épurer l'armée, d'en voir éloigner ceux qui, sous le masque de l'opinion, ont violé pour leurs intérêts, tout ce qui est sacré et respectable parmi les hommes en société, et ont ainsi attiré sur la France les malheurs qui l'accablent.

Le but des pages qui suivent est d'indiquer un moyen légal et dans l'intérêt public, d'opérer cet épurement.

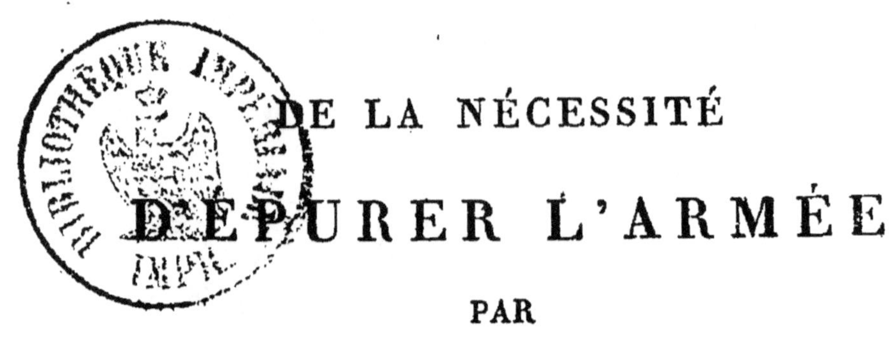

DE LA NÉCESSITÉ
DÉPURER L'ARMÉE

PAR

UNE MESURE LÉGALE.

On ne peut plus s'occuper du sort de l'armée que sous le rapport politique : les idées que l'on émet pour, comme celles que l'on émet contre, sont presque toutes exagérées. S'il était possible, avec de la modération, de ramener tous les partis à des sentimens réellement patriotiques, ce serait l'œuvre d'un bon Français.

Depuis le commencement de la révolution, nos ennemis les plus dangereux ont toujours été nos propres passions et les prétentions exagérées de tous les chefs des sectes politiques. Nous nous sommes faits en réalité beaucoup plus de mal qu'on ne nous en a fait. A présent que nous sommes malheureux, que nous le sommes à force de fautes, ne saurions-nous revenir à des idées calmes et raisonnables? ne saurions-nous abjurer nos vaines prétentions, notre excessif amour-propre, et cet orgueil démesuré qui a ameuté avec tant de

raison, il faut le confesser, l'Europe entière contre nous? Dans ce siècle soi-disant de lumières, et
qu'il faudrait plutôt appeler le siècle des prétentions, il est de rigueur de ne parler au peuple et
à l'armée qu'en les flattant. Les saluts à la grande
nation, les respects à la nation éclairée et géné-
reuse, les hommages à la gloire nationale, voilà
les formules obligées; comme aussi de dire à l'armée, même le jour d'un grand malheur : « Braves
soldats, vous avez encore une fois vaincu vos ennemis : votre courage est indomptable; je vous
guide à la victoire, et vous serez toujours invin-
cibles ! »

Nous regrettons de ne pouvoir pas tenir à la
nation et à l'armée de si pompeux discours, mais
nous nous en dispensons, parce que nous ne cher-
chons à tromper et à séduire ni la nation ni l'armée. Nous voudrions ramener tous les partis à des
idées raisonnables et patriotiques; et pour cela il
suffit du ton simple de la vérité. Il y a quelques
mois que, si nous eussions essayé de tenir un semblable langage, on n'aurait pas manqué de nous
accuser d'attaquer la gloire de l'armée : il faut espérer que cette folie est passée, et qu'on peut
aborder franchement la vérité, sans crainte de
voir accuser ses sentimens comme bon Français
et comme patriote. Cette langue de flatterie nous
a tous corrompus, parce qu'elle a servi à justifier

tout ce qui était dans nos intérêts et dans nos passions, que très-effrontément nous osons toujours présenter comme un amour excessif du bien public.

L'armée, quelles que soient ses fautes ou ses erreurs, est sortie de la nation : ainsi elle peut espérer d'y rentrer, car toujours les fils coupables et repentans ont obtenu de leur père pardon et oubli. Nier ses fautes, et, par une orgueilleuse honte, en commettre de nouvelles, n'est pas aussi généreux et aussi noble que d'en faire l'aveu sincère. Je dis cela pour les passionnés qui prétendent que l'armée n'a point de reproches à se faire ; je ne dis rien pour ceux qui prétendent qu'il faut tout exterminer sans rémission ni examen.

Il paraît impossible que l'armée (qui n'est plus maintenant que de grands débris) ne soit pas licenciée.

Le vœu de toutes les puisssances de l'Europe se manifeste, et *le grand fuyard* nous a mis dans la triste et cruelle situation de n'avoir pas de meilleur parti à prendre que celui de la soumission aux volontés des cabinets étrangers. D'ailleurs, la nation paraît aussi souhaiter cette mesure, et peut-être est-ce le seul moyen de fondre les opinions particulières de l'armée avec celles du peuple ; mais, en regardant ce licenciement comme une mesure inévitable, je ne pense pas qu'on veuille

entendre qu'aucun des membres de l'armée actuelle ne sera rappelé à faire partie de l'armée qui
sera reformée.

Il y a dans cette armée, tant flattée par les uns,
tant calomniée par les autres , des individus de
toute espèce ; il y a des noms d'une ignominieuse
célébrité, il y en a d'autres de très-honorables ; il
y a eu des traîtres , il y a eu des gens entraînés, il
y en a encore eu d'avantage de trompés : s'il y a
des coupables , tous sont loin de l'être. Le bien
public comme la justice exigent qu'on fasse une
épuration , que les mauvais soient séparés des
bons, et ceux-ci employés de suite.

D'un autre côté , comme ce qui est gâté ne l'est
pas toujours au même degré , il est équitable de
ne pas traiter de la même manière les petits et les
grands coupables , les chefs et les subalternes.

La mesure du licenciement, sous le rapport de
l'ordre social, doit encore être soumise à plusieurs
considérations.

On ne peut pas laisser errer en France , sans
de grands dangers, les sous-officiers et soldats qui
sont sans asile ou sans famille ; il est également
dangereux de renvoyer dans les campagnes ceux
qui ont perdu le goût du travail , et qui par habitude préfèrent la vie agitée du soldat.

Ces deux classes sont très-nombreuses ; il se
présente un moyen de les employer sans danger

pour le repos de la France : ce moyen est équitable , honorable , et deviendra même profitable
pour ceux qui le voudront. Nous possédons des
îles dépendantes de la France, et des îles et des
colonies en Amérique ; de tout temps l'armée
française a fourni les garnisons de ces établisse-
mens : pourquoi cela ne serait-il pas encore ? Il y
a dans ces garnisons des lieux délicieux, comme
l'île de Bourbon, la Martinique, la Guadeloupe ;
il y en a d'autres moins agréables : on y mettrait
les incorrigibles, ceux qui veulent toujours qu'on
ait à se plaindre d'eux, ceux enfin qui recevraient
encore Buonaparte s'il se présentait. Comme ils
ne sont pas en grand nombre, on les mettrait à la
petite île d'Aix : ils ne s'en plaindraient pas, puis-
qu'ils trouveraient ce pays plein des souvenirs de
leur héros ; car on sait que c'est du fort de l'île
d'Aix que Buonaparte est enfin parti pour effectuer
sa descente en Angleterre.

—Nous avons succinctement indiqué un moyen
d'employer et de placer les individus dont la pré-
sence serait jugée dangereuse en France ; mais ne
sera-t-il pas très-difficile de faire sans partialité ce
triage des bons et des mauvais ? Les plus coupables
sont justement ceux qui ont le plus de moyens
d'échapper à la punition, et le plus d'audace à
protester de leur innocence. L'intrigue s'agitera,
la corruption s'en mêlera ; il faudra entendre les

cousins, les cousines, et tous les degrés de parenté des accusés : comment demeurer juste au milieu de ce conflit d'intérêts et de passions ? Je ne doute pas de la justice du ministre de la guerre et de la pureté de ses intentions; ce dont je doute, c'est que, quelque juste qu'il soit, il puisse résister, l'ouvrage terminé, aux clameurs de tous ceux qui ne seront pas élus pour la nouvelle armée, et aux clameurs plus bruyantes encore de tout ce qui tiendra à leur parenté de près ou de loin.

Les idées sur le juste et l'injuste sont tellement brouillées, on affirme un mensonge si aisément, on dénonce un innocent si légèrement, qu'on ne saura bientôt plus qui l'on doit estimer ou mésestimer : aussi est-il plus facile de faire justice que de faire croire au public qu'on l'a faite ; d'ailleurs le ministre ne pouvant lui seul faire un travail aussi compliqué, rien ne garantirait que les commis qui y seraient employés ne se laissassent aller à des intérêts contraires au bien public.

De toutes ces considérations, il résulte que le ministre lui-même doit souhaiter de n'être point chargé de cette épuration de manière à en être responsable : or, il se présente un moyen légal qui concilierait l'intérêt public et celui de l'armée, assurerait enfin le triomphe de la justice, et ferait taire toutes les réclamations sans fondement ; ce moyen conviendra aux bons, mais je doute qu'il soit aussi bien reçu de ceux qui intérieurement ne sont pas contens d'eux-mêmes.

Ce moyen consiste à former un GRAND JURY D'É-PUREMENT. Ce jury pourrait être composé d'un président, un vice-président et huit maréchaux ou lieutenans-généraux, avec un rapporteur maréchal de camp ou colonel. On ne sera pas embarrassé pour sa composition : les ducs de Tarente, de Bellune, de Reggio, de Raguse, de Feltre; les lieutenans-généraux duc d'Aumont, comtes Roger de Damas, Ernouf, de Bruges, Maison, Dijon, Bordesoul, etc., etc., offrent toutes les garanties et tous les titres que l'on peut souhaiter.

Si l'on regardait l'assentiment des deux chambres comme nécessaire pour compléter la légalité de cette mesure; il nous semble que, d'après la forme actuelle du gouvernement, on aurait raison; et ce n'est pas trop préjuger de la sagesse des chambres, que de croire qu'elles sentiraient l'utilité, la nécessité même, du moyen que nous venons d'indiquer.

Il faudrait déterminer les formes d'après lesquelles le *grand jury d'épurement* procéderait. Voici peut-être les plus essentielles :

Il serait important que les membres du jury prissent l'*engagement d'honneur* de garder le *secret le plus rigoureux*, sur les motifs qui auraient occasionné le rejet de tel ou tel, général ou officier supérieur; également que le secret fût gardé pour ceux qui auraient voté l'admission, comme pour ceux qui auraient voté le rejet : en sorte que l'admis ainsi que le rejeté ne connussent jamais ni les membres qui leur auraient été favorables, ni les membres qui leur auraient été opposés : c'est le seul et unique moyen d'assurer l'indépendance absolue du jury. En agissant différemment, les intrigues seront plus difficiles à nouer vis-à-vis d'un jury nombreux que vis-à-vis d'un ministre et de ses commis ; mais il est des maîtres, en fait d'intrigue, qui surmontent toutes les difficultés, on en connaît qui, sans aucun mérite militaire, sont parvenus à toutes les dignités de l'armée : profiter de l'occasion qui s'offre pour les chasser, ce sera faire justice, et ce sera plaire à la partie saine de l'armée. Le silence sur les votes est d'une nécescessité qui doit être sentie sans autre développement, surtout par ceux qui ont étudié les hommes dans les temps de révolution.

Quant à la manière de classer le travail, il nous semble convenable de consacrer une semaine aux lieutenans-généraux, la suivante aux maréchaux de camp, la troisième aux colonels, la quatrième aux majors et chefs de bataillon ou d'escadron, puis en remontant aux lieutenans-généraux, et ainsi de suite jusqu'à la fin.

On commencerait l'examen par ancienneté dans chaque grade ; il serait dressé quatre contrôles : sur le premier seraient inscrits ceux admis dans l'armée ; sur le second , ceux admis à la solde de retraite ; sur le troisième , ceux admis à une pension en attendant l'activité ; et enfin , sur le quatrième , ceux définitivement rayés (1).

Les bureaux du ministre de la guerre fourniraient les renseignemens que demanderait le *jury*, soit sur les services , leur durée et leur espèce, soit sur les talens et la conduite , etc. Une observation essentielle, c'est qu'il ne faudrait donner aux notes bonnes ou mauvaises qu'une valeur relative , non-seulement à l'auteur des notes , mais encore au temps et aux circonstances qui les ont motivées.

Il y a des cas, et ils sont même assez multipliés, où il sera nécessaire de demander à l'officier lui-même des renseignemens sur tel ou tel fait. La réponse comparée aux informations qu'on aura déjà, pourra jeter le plus grand jour sur l'objet qu'on cherche à découvrir. Il est temps que la justice , la raison et la modération succèdent à ce système de violence , de volontés arbitraires et de vengeances, de caprices ou de parti , qui ont amené la France à ce point de malheur et de misère où elle est parvenue ; il est temps aussi que tous les véritables Français abjurent les haines qui les divisent depuis vingt-cinq ans , et se réunissent fran-

____

(1) Il est nécessaire de tenir contrôle des officiers rayés afin que les autorités locales puissent surveiller leur conduite.

2

chement au gouvernement pour sauver la patrie. Français, hâtons-nous de nous entrepardonner nos fautes ou nos erreurs, car notre patrie n'é-chapperait plus au démembrement s'il venait à s'é-lever de nouvelles dissentions parmi nous.

Ce n'est pas un des moindres maux que Buona-parte ait fait à la France, que de lui avoir légué (après avoir ruiné les finances publiques (1) et épuisé les fortunes particulières), un état-major assez nombreux pour fournir aux armées de toute l'Europe des généraux et des officiers de tous grades. Indépendamment de l'impossiblilité où la France se trouve de solder cette multitude d'officiers, c'est un grand malheur pour un pays qui a tant souffert dans sa population, de voir un si grand nombre d'individus devenus inutiles pour l'agri-culture, le commerce ou les fabriques ; car tel qui fait un médiocre officier aurait pu être beaucoup plus utile à la société comme agriculteur, ou en suivant la profession de ses pères. Je ne veux pas dire qu'il n'y ait de bons généraux et de bons of-ficiers sortis de toutes les classes, mais aussi ne saurait-on contester que beaucoup se sont trouvés lancés, contre leur vocation et leur goût, dans une carrièrre pour laquelle la nature ne les avait point faits : faisons donc taire cette vanité puérile

____

(1) Il a dépensé en moins de quatre mois au-delà de six cents millions de francs, et la mauvaise foi osera attaquer le Roi sur les embarras de la France !

qui empêche de déposer des épaulettes devenues inutiles pour le service de la pa rie ; et que ceux qui ont le goût d'une profession quelconque s'y livrent sans regrets ; ils y trouveront le bonheur, plutôt que dans les armes, et deviendront d'utiles et respectables citoyens. Nous nous sommes souvent comparés aux Romains, suivons leur exemple en ce point : puisque les guerres sont terminées, retournons dans nos champs ; si la patrie a de nouveau besoin de nos bras, nous quitterons la charrue pour ceindre encore l'épée : c'est alors que nous pourrons nous comparer aux Romains.

Après l'épurement des grades supérieurs, ou même pendant que ce travail s'exécuterait, on en ferait autant pour les grades subalternes ainsi que pour l'administration. Je ne crois pas cependant que le mode proposé ici pour l'épurement des généraux et officiers supérieurs pût être adopté avec autant de succès, en ce qui concerne les officiers subalternes et les corps des inspecteurs aux revues et des commissaires des guerres : plus tard j'en développerai les raisons, s'il est nécessaire.

Les listes d'activité pour tous les grades de l'armée étant arrêtées, on procéderait au choix de ceux qui devraient former les états-majors des régimens qui seront affectés à la garde spéciale du Roi. Ce choix se ferait parmi ceux qui auraient le plus et le mieux servi, parmi ceux qui auraient

moutré le plus d'intelligence , de zèle et de véritable patriotisme. Ainsi la garde du Roi serait ce
qu'elle doit être, l'élite de l'armée nationale et non
un corps de luxe et de parade.

Nous ne pensons pas que ce soit un objet susceptible de contestation que la nécessité urgente de
former des corps (infanterie, cavalerie et artille-
rie), spécialement destinés à la garde du Roi ; il
ne pourrait y avoir de discussion que sur la composition , le choix des hommes et la force de cette
troupe.

Il appartient au Roi de fixer le nombre des régimens dont il veut composer sa garde : la force
de notre état militaire doit être la base de ce cal-
cul ; en outre nous devons considérer ce qui a été
réglé à ce sujet en dernier lieu, en Russie, en Autriche et en Prusse; car nous ne pouvons ni ne
devons rester en ce point au-dessous de ces puis-
sances : la dignité de la couronne serait compro-
mise, et l'influence politique que la France a droit
d'exercer en souffrirait (1).

Nous n'entrerons point ici dans les détails d'or-
ganisation ; notre objet est d'indiquer les moyens
de formation qui nous paraissent les meilleurs ;
quels hommes on doit préférer, ainsi que les con-

---

(1) L'Autriche compte 55,000 hommes de garde, la Russie
au-delà de 50,000 , la Prusse près de 40,000 , etc

ditions et qualités morales qui doivent être exigées d'eux.

Il semble, surtout dans les circonstances actuelles, que 25,000 à 30,000 hommes de garde sont une force suffisante. Mais quels hommes appellera-t-on à ce service ? Voici mon avis comme patriote et sans aucun égard aux prétentions ni aux intérêts de personne. Si quelqu'un a une idée meilleure, qu'il la mette en avant, et qu'elle soit préférée : c'est ce que je souhaite.

Le nombre total d'hommes nécessaires pour la formation de la garde, serait reparti entre tous les départemens de la France, en raison de la population de chacun.

Le contingent que chaque département aurait à fournir, serait choisi *parmi les jeunes gens* de l'âge de 18 à 30 ans, *fils de propriétaires ou de gens ayant un établissement d'industrie.*

Les listes de ceux qui auraient *droit* à entrer dans la garde du Roi, seraient dressées par arrondissement de sous-préfecture ; j'ai dit auraient *droit*, parce que ce service serait sans nul doute, considéré par les Français qui y seraient appelés, comme une prérogative. Ceux qui ont parcouru la France savent combien on y craint de nouveaux troubles, et combien est unanime le dévouement qu'on porte au Roi : ils croiront donc volontiers à la passion qu'on a de le défendre et de maintenir les institutions qu'ils nous a données.

Outre la condition exigée ci-dessus, l'individu qui aurait mauvaise réputation dans son arrondissement serait exclus.

Le temps de service dans la garde du Roi serait limité pour ceux qui ne se destineraient pas à la carrière des armes : deux années par exemple, lequel temps expiré, ils rentreraient de droit dans leurs familles (1).

Ceux de l'armée actuelle qui réuniraient les qualités ci-dessus indiquées, auraient droit de demander à faire partie du contingent à fournir par leur arrondissement ; les légionnaires, dans ce cas, obtiendraient la préférence sur tous leurs concurrens.

Il est entendu qu'on n'admettrait, même avec les qualités morales exigées, que des hommes sains, forts et bien constitués. Cependant, comme le courage et la bonne conduite ne sont pas l'apanage exclusif des hommes de grande taille, on admettrait, sans égard à la taille, les hommes grands comme les hommes petits, pourvu qu'ils fussent robustes et bien faits, réservant les grands pour les régimens de grenadiers et les petits pour les régimens de chasseurs.

---

(1) On pourrait ne pas porter les corps au grand complet dès la première formation, et ne le faire que progressivement.

Sous un gouvernement national et établi pour le bien de tous, l'institution des *vélites* pourrait être renouvelée avec un grand avantage ; cette institution, bonne en elle-même (et qui existait dans les armées romaines), n'est tombée sous le règne du tyran que parce qu'il avait épuisé la classe d'hommes qui devait fournir aux velites ; d'ailleurs les pères de famille aisée montraient un éloignement invincible à lui livrer leurs enfans, non-seulement comme vélites, même comme élèves de l'école militaire ; et dans les dernières années, les officiers ne se recrutaient plus que par force. A présent les choses étant changées, les idées ont aussi changé, et toutes les raisons qui étaient contre le gouvernement renversé, sont en faveur de l'autorité du Roi. La France ne peut plus avoir de guerres d'ambition : son gouvernement constitutionnel la préserve de ce fléau ; elle ne peut plus avoir de guerres à soutenir pour son indépendance, que toute l'Europe reconnaît et garantit. Ainsi la force armée en France n'aura plus d'autre destination, d'ici à plusieurs années, que le maintien du gouvernement, et la défense de nos lois et de nos institutions contre les partis qui oseraient de nouveau les attaquer. La garde sera plus spécialement chargée de ce soin patriotique. Destinée à habiter la capitale du royaume, les honorables fonctions de conservation et de défense de la personne du Roi , ne seront point les seules qu'elle aura à remplir. Elle doit encore fournir la garde d'honneur et de sûreté des représentans de la nation : les deux chambres ne doivent point avoir d'autre troupe autour d'elles ; et si l'indépendance de leurs délibérations était jamais attaquée par des factieux, la garde royale, composée comme nous venons de l'indiquer, est évidemment le seul corps qui offrirait à la France toutes les garanties qu'elle a droit d'attendre, et nous sommes parvenus à ce point que la nation a le droit acquis par l'expérience de demander des garanties à ceux à qui elle met les armes à la main (1).

Quoi qu'il en soit, que nos vues soient adoptées ou rejetées , au sujet de la garde royale, pourvu que l'on agisse avec justice et prévoyance, nos vœux seront satisfaits. Que surtout un réglement bien fait vienne fermer la porte à toutes les intri-

---

(1) Je ne pense pas qu'il s'élève d'objections sur l'empressement que les jeunes gens mettraient à répondre à l'appel qui leur serait fait. En tous cas je répondrais à ceux qui en éleveraient : « les corps nombreux de volontaires royaux qu'on a vus se former spontanément il y a quelques mois sont des gages de l'empressement que les jeunes gens mettront à remplir ce service national. » J'ai dernièrement commandé dans une province où ce zèle n'était point ralenti, et au premier appel que j'ai fait aux volontaires royaux, tous se sont empressés d'accourir.

gues, et qu'il ne soit permis, sous aucun prétexte, de s'en écarter. On ne saurait trop prendre maintenant de mesures conservatrices des lois ; nous nous sommes, sans presque nous en être aperçus, habitués à respecter aussi peu nos lois que nos sermens : ordre de choses qui doit cesser ou amener la dissolution prochaine de la société.

Maintenant l'avancement dans l'armée sera aussi rare qu'il était commun il y a peu de tems, et l'expectative d'entrer dans la garde sera presque le seul moyen qui restera au Roi de récompenser le mérite et la bonne conduite ; il sera donc juste autant que politique de le ménager ; ainsi les corps de la garde, une fois formés et complets, lorsqu'il y aurait à l'avenir des vacances, les places seraient accordées aux régimens de la ligne à tour de rôle. Observant de faire revivre cette sage loi que fit Louis XIV pour les grenadiers à cheval, et qui porte que le régiment qui aurait fourni des hommes qu'on aurait été obligé de chasser ou de punir plusieurs fois, perdrait pour un an le droit de fournir à son rang, ce qui serait mis à l'ordre de l'armée. On aurait ainsi, avec le temps, la plus belle et la meilleure troupe du monde, et surtout la plus nationale, et la moins susceptible d'être égarée ou entraînée à la révolte par des factieux. C'est un principe auquel s'attachent trop peu tous ceux qui raisonnent sur la formation d'une garde royale.

Il faut toujours avoir en vue la tranquillité de l'État, et il ne saurait être tranquille si de nouvelles gardes prétoriennes prennent l'habitude de disposer de l'empire.

Quand un gouvernement constitutionnel monarchique est établi, les plus grands malheurs qui puissent arriver, sont ceux qui découlent des attaques contre la personne du souverain. Si dans une monarchie constitutionnelle le souverain et la constitution ne sont pas deux choses regardées comme saintes, et respectées de tous, il faut que l'État périsse. Le Roi et la constitution doivent être considérés par la garde, par l'armée, ainsi que par le peuple, avec un respect semblable, pour ainsi dire, à celui que les prêtres portent aux choses sacrées. Militairement la violation d'une consigne est le premier crime que puisse commettre un homme de guerre ; il y en a un plus grand que peuvent commettre ceux qui sont préposés à la garde du souverain, qui est de laisser compromettre sa sûreté. La conservation des lois est confiée aux magistrats : les laisser violer est leur plus grand crime. La sûreté du conservateur des lois, qui est le Roi, est confiée à des militaires, et le plus grand crime dont ils puissent se rendre coupables vis-à-vis de la nation est de laisser attaquer cette inviolabilité : que ce soit par faiblesse, que ce soit par incapacité, le crime est aussi grand que si c'était par trahison.

Le seul moyen de prévenir les dangers politiques de l'établissement militaire nécessaire à la
France, c'est de tracer à l'armée une ligne fixe
des devoirs qu'elle a à remplir envers la patrie; que
par patriotisme elle puisse redouter de franchir
cette ligne, afin qu'elle ne soit point sans cesse
prête à servir d'instrument d'exécution aux factieux ou aux ambitieux.

Un vaste empire nécessite dans les soldats une
subordination qui en fait des agens passifs et irré-
fléchis; mais ce n'est point sans dangers pour la
liberté; c'est ce qui a perdu tant de peuples libres,
et nous mêmes il y a quelques mois. Des chefs ra-
menant dans leur patrie des soldats vainqueurs,
auxquels, avec raison, ils avaient, hors du terri-
toire, commandé l'obéissance passive, ont con-
tinué à leur commander cette obéissance contre
leurs concitoyens, et les auraient pour toujours
subjugués, si l'Europe ne s'y était opposée.

Si la garde royale était composée des élémens
que j'ai indiqués, le Roi serait le plus en sûreté des
souverains, et la chose publique ne serait plus en
péril continuel.

Puissent ces idées être utiles à la patrie et au
Roi, et contribuer à assurer la tranquillité de l'a-
venir; c'est là mon seul vœu.

FIN.